AF313763

CATALOGUE

DE DESSINS

ANCIENS ET MODERNES

ESTAMPES

ENVIRON 3 000 DESSINS EN LOTS NON CATALOGUÉS

*Formant la collection de M. C****

DEUXIÈME PARTIE

DONT LA VENTE AUX ENCHÈRES PUBLIQUES AURA LIEU

HOTEL DES COMMISSAIRES-PRISEURS, RUE DROUOT, N° 9

SALLE N° 8

Les jeudi 28, vendredi 29 et samedi 30 novembre 1895

A deux heures précises.

Me MAURICE DELESTRE,	**M. JULES BOUILLON,**
Commissaire-priseur,	Marchand d'estampes de la Bibliothèque nationale.
27, RUE DROUOT, 27	RUE DES SAINTS-PÈRES, 3.

EXPOSITION PUBLIQUE : Le mercredi 27 novembre 1895

De deux heures à cinq heures.

PARIS

IMPRIMERIE D. DUMOULIN ET Cie

5, RUE DES GRANDS-AUGUSTINS, 5

CATALOGUE

DE DESSINS

ANCIENS ET MODERNES

ESTAMPES

ENVIRON 3 000 DESSINS EN LOTS NON CATALOGUÉS

*Formant la collection de M. C****

DEUXIÈME PARTIE

DONT LA VENTE AUX ENCHÈRES PUBLIQUES AURA LIEU

HOTEL DES COMMISSAIRES-PRISEURS, RUE DROUOT, N° 9

SALLE N° 8

Les jeudi 28, vendredi 29 et samedi 30 novembre 1895

A deux heures précises.

Me **MAURICE DELESTRE,**	**M. JULES BOUILLON,**
Commissaire-priseur,	Marchand d'estampes de la Bibliothèque nationale.
27, RUE DROUOT, 27	RUE DES SAINTS-PÈRES, 3.

EXPOSITION PUBLIQUE : Le mercredi 27 novembre 1895

De deux heures à cinq heures.

CONDITIONS DE LA VENTE

La **vente** sera faite au comptant.

Les acquéreurs payeront *cinq pour cent* en sus des enchères, applicables aux frais.

M. Jules Bouillon, chargé de la direction de la vente, se réserve la faculté de rassembler ou de diviser les lots.

ORDRE DES VACATIONS

Jeudi	28 novembre	Nᵒˢ 381 à 505.
—	—	. . . .	657 *bis*. Dessins en lots.
Vendredi 29	—	. . . .	506 à 630
—	—	. . . .	657 *bis*. Dessins en lots.
Samedi 30	—	. . . .	631 à 657.
—	—	. . . .	657 *bis*. Dessins en lots.
—	—	Estampes. . .	658 à la fin.

Les attributions de l'amateur ont été conservées.

DÉSIGNATION

DESSINS

LEFEBVRE (Adolphe)

381 — Jeune femme nue assise, pleurant.

Peinture.

382 — Études de femmes nues, — Jeune fille assise dans un fauteuil.

Quatre dessins au crayon noir et mine de plomb.

383 — Études de femmes nues.

Sept dessins au crayon, au lavis d'encre de Chine et aquarelle.

LELU (P.)

384 — Nymphes, — Amour sur un dauphin, — Toilette de Vénus, — Joueuse de mandoline.

Cinq dessins au lavis de sépia et d'encre de Chine.

LE MIRE AÎNÉ

385 — Portraits et études de têtes de femmes.

Cinq dessins au crayon noir et lavis. Plusieurs sont signés.

LE MIRE JEUNE

386 — Buste d'une vestale.

Au lavis d'encre de Chine, rehaussé de blanc, sur papier teinté. Signé.

LÉONI (Ottavio) dit LE PADOUAN

387 — Portraits d'homme et de femmes.

Quatre dessins au crayon noir, sur papier teinté.

388 — Portraits d'hommes et de femmes.

Huit dessins au crayon noir et à la plume.

389 — Portrait de femme vue de face, avec grande collerette.

Aux crayons noir et blanc, sur papier teinté.

LÉPICIÉ (N.-B.)

390 — Buste de jeune homme.
Aux trois crayons.

391 — Buste de jeune femme, la tête couverte d'un foulard.
Aux trois crayons.

392 — Etude de jeune paysanne assise.
Au crayon noir et sanguine.

393 — Famille réunie dans un souterrain, — Etude de deux jeunes femmes assises, dont une lisant.
Deux dessins, dont un à la plume et lavis de sépia, et l'autre au crayon noir.

394 — Buste d'une vieille femme, — Jeune fille assise sur une chaise, vue de dos.
Deux dessins aux crayons noir et blanc.

395 — Etudes de têtes d'hommes, de femmes et d'enfants.
Huit dessins au crayon noir et à la sanguine.

LEPOITEVIN (E.)

396 — La Causerie au village.
Au lavis de sépia.

397 — La Maîtresse d'école.
Au lavis de sépia.

398 — Versailles, Vue du haut des cent marches.
Peinture sur toile.

LE PRINCE (J.-B.)

399 — Jeune femme debout, vue de dos, en costume de veuve.
Au lavis d'encre de Chine. Signé et daté 1762.

400 — Les joueurs de boules.
Au lavis de sépia. Signé et daté 1780.

401 — Le chien fidèle, — Etude de têtes d'homme et femme, coiffés de turbans, — Jeune femme russe en buste.
Trois dessins au lavis de sépia, aux trois crayons et à la sanguine.

LE PRINCE (J.-B.)

402 — Ruines avec personnages sur le devant.

A la plume et lavis de sépia.

403 — Paysages avec chaumières.

Trois dessins au crayon noir.

404 — Etudes de femmes assises, — Têtes d'hommes, — Zaïre, — La Reine de Saba, — Cavaliers russes, etc.

Quinze dessins à la plume, au crayon et au lavis.

405 — Cavalier russe en vedette, — Suzanne au bain, — Etudes de femmes assises et de tête.

Cinq dessins au lavis de sépia et sanguine.

406 — Etudes de têtes sur deux feuilles.

Deux dessins aux crayons noir et blanc.

LEPRINCE et LÉPICIÉ

407 — La sainte Famille, — Jeune mère assise tenant son enfant dans ses bras.

Deux dessins à la sanguine.

LEPRINCE (X.)

408 — Escalier des Tuileries avec personnages le descendant, — Voiture à quatre roues, — Marchande de fleurs.

Trois dessins à l'aquarelle et mine de plomb.

LEPRINCE (L. et X.)

409 — Paysages, — Etudes d'enfants et de voitures, etc.

Six dessins au lavis de sépia et aquarelle.

LEROY et LAFITTE

410 — Sujets pour illustration et autres.

Onze dessins à la plume, au crayon et au lavis.

LESSORE

411 — Partie de campagne.

Deux dessins à l'aquarelle.

LESUEUR (E.)

412 — Sacre d'un évêque, — Deux anges soutenant une religieuse agonisante.

Deux dessins à la sanguine et au lavis.

413 — Un Evangéliste, d'après Raphaël.

Au crayon noir.

LONDONIO

414 — Etude de moutons couchés.

Au crayon noir, rehaussé de blanc.

LOUTHERBOURG ET DUPLESSIS-BERTAUX

415 — Sujets champêtres, — Batailles et danses.

Sept dessins au lavis d'encre de Chine et de sépia.

LUNA (CH. DE)

416 — Gendarme à cheval.

Aquarelle. Signée.

MADOU

417 — Paysannes d'Auvergne.

Deux dessins au crayon noir.

MADOU ET MARILHAT

418 — La Dentellière, — Etude de jeune fille assise, — Tête d'Arabe.

Trois dessins à la mine de plomb et aquarelle.

MALLET

419 — L'Indiscret.

Au lavis de sépia.

420 — La Tireuse de cartes.

A la plume et lavis d'encre de Chine.

MALLET, MARLET ET Mⁿᵉ MAYER

421 — La Lecture, — Joueurs de harpe, croquis pour portraits, etc.

Cinq dessins à la plume et lavis.

MARILLIER (C.-P.)

422 — Les trois Parques filant la vie des hommes.
A la plume et lavis d'encre de Chine.

423 — Attributs pastoraux au milieu d'un paysage.
Au lavis de sépia.

MARINOY (Mme DE)

424 — Le Lutrin.
Au lavis de sépia.

MARNY (P.)

425 — Paysages, — Marines, — Vues de villes et de villages.
Cinquante-deux dessins à l'aquarelle. Sera divisé.

426 — Vues de Rouen.
Deux dessins à l'aquarelle. Signés.

MARTIN (E.)

427 — Portrait de Mlle Vestris, en grand costume de ballet.
Au lavis d'encre de Chine et aquarelle.

MARTIN (A.-H.)

428 — Vue du tombeau de J.-J. Rousseau à Ermenonville.
Aquarelle et gouache. Signé et daté 1795.

MARTIN ET MAUSSON

429 — Château de Rosny, — Palais de justice de Rouen, —
Saint-Germain l'Auxerrois.
Trois dessins à la mine de plomb et aquarelle.

MASSARD (J.)

430 — Portrait de Mme Elisabeth.
A la mine de plomb et lavis d'encre de Chine.

MAYER (Mlle)

431 — Jeune femme à mi-corps, dirigée à droite, un châle sur
le dos.
Au crayon noir, rehaussé de blanc, sur papier bleu.

MEISSONIER (E.)

432 — Moine bénissant un prisonnier.

Au lavis d'encre de Chine.

433 — Vieillard assis sur un banc, fleuron pour un livre illustré.

Au lavis d'encre de Chine et mine de plomb.

METLING

434 — La Coquette, — Jeune femme assise.

Peinture et crayon. Deux dessins.

METLING ET MAZ

435 — Jeune femme sentant une fleur, — Portrait de femme assise, — Sortie du bain.

Trois dessins au fusain et mine de plomb.

MEULEN (C. VANDER)

436 — Etude de militaire vu de dos.

A la sanguine, rehaussé de blanc.

437 — Etudes de chevaux, — Vue d'un camp.

Cinq dessins au lavis d'encre de Chine.

438 — Siège d'une ville ; sur le devant, le commandant entouré de son état-major.

A la sanguine. Signé.

MICHEL

439 — Paysages.

Quatre dessins au crayon noir et aquarelle.

440 — Vues de Paris et paysages.

Six dessins au crayon et aquarelle.

MONDON

441 — Poissons et plantes dans un entourage rocaille.

Au lavis d'encre de Chine. Signé.

MONNET (CH.)

442 — Mariage civil sous la République.

Au lavis d'encre de Chine.

MONNIER (H.)

443 — Etranger aux beaux-arts et à la littérature, — Une rencontre, — Dans un salon.

Trois dessins à l'aquarelle, lavis de sépia et d'encre de Chine.

444 — Scènes de mœurs.

Deux dessins à l'aquarelle.

MONOGRAMISTE (H.-R.)

445 — Amours debout dans des rinceaux d'ornements, — Tritons et néréides.

Cinq dessins au lavis.

MOREAU (J.-M.)

446 — Allégorie sur les sciences.

A la plume et lavis d'encre de Chine.

447 — Scène de théâtre, — Sujets historiques et mythologiques.

Quatre dessins au lavis d'encre de Chine.

MOREAU (L.)

448 — Paysage avec bouquet de bois au milieu.

Au lavis d'encre de Chine.

449 — Paysages avec ruines antiques.

Deux dessins faisant pendants, à la plume et lavis de sépia.

450 — Tombeau au milieu d'une touffe d'arbres et de plantes.

Au crayon noir.

451 — Vue de Monceaux, avec personnages sur le devant.

Aquarelle.

MOREL-FATIO

452 — Arrivée de la Reine d'Angleterre au Tréport, — Vue de la mer avec rochers.

Deux dessins à la mine de plomb,

MOROT (A.)

453 — L'Amour et la Fileuse.

Au lavis d'encre de Chine sur papier bleu. Signé.

MOUCHERON (J.)

454 — Vue d'un parc avec colonne vers la gauche, — Touffe d'arbres sur des rochers.

> Deux dessins au crayon noir, rehaussé de blanc, et à la plume avec lavis de bistre.

MOUCHET

455 — Bal au village, Le Menuet.

> A la plume.

NATOIRE (Ch.)

456 — Allégorie religieuse pour décoration d'autel.

> A la plume et lavis.

457 — Paysages avec temples en ruines, sur le devant, figures d'hommes et d'animaux.

> Au crayon et lavis. Signé.

458 — Etudes de têtes de jeune garçon et de jeune fille en extase.

> Deux dessins à la sanguine et au crayon noir.

459 — La Vierge regardant l'Enfant-Jésus endormi, — Buste de femme nue, — La Fuite en Egypte.

> Trois dessins à la sanguine, au crayon et au lavis.

460 — Vestale offrant un sacrifice, — Jeune femme assise sur une chaise.

> Deux dessins au lavis de sépia et au crayon noir.

NATOIRE et NATTIER

461 — Études pour portraits et sujets.

> Treize dessins à la plume, au crayon et à la sanguine.

NATTIER (J.-M.)

462 — Portrait d'une jeune fille en buste, dirigée à gauche.

> Au crayon noir.

463 — Portrait de femme en buste, vue de face, avec fichu de dentelle sur la tête.

> Pastel.

NATTIER (J.-M.)

464 — Portrait d'une jeune femme en buste, les yeux baissés.
Pastel.

465 — Études pour portraits de femmes.
Trois dessins aux divers crayons.

466 — Statue de Vénus dans une niche.
Au crayon noir, rehaussé de blanc, sur papier bleu.

467 — Étude d'une tête de jeune femme.
Aux trois crayons.

468 — Portraits d'hommes et de femmes et études diverses.
Huit dessins aux divers crayons.

469 — Portraits de femmes.
Deux dessins aux crayons de couleur et pastel.

NÉER (Van der)

470 — Vue de Hollande, avec rivière et pêcheurs sur le devant.
Au crayon noir, rehaussé de blanc.

NICOLLE (J.-V.)

471 — Vue d'Italie, avec grande fontaine sur le devant.
Aquarelle.

472 — Le Pont-Neuf et la Samaritaine au-dessous de la première arche du Pont-au-Change.
A la plume et lavis de sépia.

473 — Sous ce numéro, il sera vendu un portefeuille contenant 420 dessins de Nicolle. Croquis et aquarelles faits pendant ses voyages en Italie.

NILSOON

474 — Galerie d'un riche palais.
Au lavis d'encre de Chine.

NINEGEN

475 — Composition d'ornement pour plafond.
Aquarelle.

OUDRY (J.-B.)

476 — Chien en arrêt.

Aux crayons noir et blanc, sur papier bleu.

477 — Vase garni de fleurs, — Études de chiens.

Quatre dessins aux crayons noir et blanc, sur papier bleu.

478 — Les Cygnes poursuivis. — La Chasse au renard.

Deux dessins au lavis d'encre de Chine et sanguine.

479 — Nature morte, — Têtes de chiens, — Un Cygne nageant.

Quatre dessins à la plume et au crayon.

OUVRIÉ (Justin)

480 — Paysages avec chaumières, — Vues de villes, etc.

Neuf dessins à l'aquarelle et lavis de sépia. Signé.

OUVRIÉ et BASSAYET

481 — Paysan italien debout, — La Cueillette des pommes.

Deux dessins à l'aquarelle et lavis de sépia.

OVERLAET

482 — Les Joueurs de cartes, — Le Joueur de flûte, — L'Homme tenant une cruche, — Paysage.

Quatre dessins à la plume.

OVERLAET et ESCHARD

483 — Portraits, — Études de têtes et paysages.

Onze dessins à la plume et au crayon.

PAIN

484 — Portrait de femme en buste, costume empire.

Au crayon et aquarelle.

485 — Scènes d'amour.

Cinq dessins au crayon noir, à la plume et lavis d'aquarelle.

PANINI (J.-P.)

486 — Vues de palais.

Trois dessins à la plume et lavis d'encre de Chine.

PANINI (J.-P.)

487 — Intérieur de palais et monuments religieux.

Sept dessins à la plume et lavis d'encre de Chine et sépia.

488 — Intérieur de palais.

Cinq dessins à la plume et au lavis.

489 — Vue intérieure d'un palais.

À la plume et lavis d'encre de Chine. Signé.

PANNETIER

490 — Portrait d'une jeune femme vue de face, — Portrait d'une jeune femme avec sa fille.

Deux dessins à l'aquarelle.

PARIS (J.-)

491 — Études de moutons.

Deux dessins au crayon noir.

PARMESAN (F. Mazuoli. dit Le)

492 — Études pour ses compositions.

Dix dessins à la plume.

493 — Ornementation formée de figures et cariatides, en forme de frise.

À la plume et lavis de sépia.

PARROCEL (J.)

494 — Choc de cavalerie, — Étude de cavaliers.

Deux dessins, dont un à la plume et lavis de sépia et l'autre à la sanguine.

495 — Portraits, — Costumes militaires et croquis divers.

Huit dessins à la sanguine et crayon noir.

496 — Choc de cavalerie, — Cavaliers à l'exercice, — Batailles et croquis divers.

Dix dessins à la sanguine et à la plume avec lavis.

PASTELOT

497 — Jeunes femmes à la promenade, — Caricatures.
Quatre dessins à la mine de plomb et aquarelle.

PASTELOT et PÉCRUS

498 — Fruiterie. — Arlequin et Colombine, — La Lecture, —
La Couturière.

Quatre dessins à l'aquarelle.

PATEL (P.)

499 — Paysage avec parc et rivière.

A l'aquarelle.

PEINTURES

500 — Portrait d'un général du premier empire.

Peinture sur toile.

501 — Sous ce numéro, il sera vendu un grand nombre de
peintures sur toile et sur papier, par Calame, Bon-
nington, Vernet, Tiepolo, Rousseau, Flandrin, De-
marne, Delattre, Boucher, Nattier, Michel, Martinus,
Guérin, Gros, etc., etc.

PÉQUÉGNOT

502 — La Conversation, — Le Coup de vent (fac-simile), —
La Promenade, — Les Laveuses.

Quatre dessins à l'aquarelle et lavis de sépia.

PÉQUÉGNOT et PÉCRUS

503 — Regard de Bernage, Pré Saint-Gervais, — Jeune
femme instruisant un chien, — Jeune homme appuyé
sur une chaise.

Trois dessins à l'aquarelle et mine de plomb.

PERCIER et PATEL

504 — Tombeau, — Vase, — Cour d'un château, — Coupe
d'un monument, — Paysage avec ruines.

Sept dessins au lavis d'encre de Chine et de sépia.

PERELLE

505 — Paysages de forme ovale.

Trois dessins à la sanguine.

PERNET

506 — Palais en ruines. Deux dessins de forme ovale, faisant
pendants.

    A la plume et lavis d'aquarelle.

507 — Vues de Palais en ruines.

    Deux dessins de forme ronde, à l'aquarelle.

PERRONEAU (J.-B.)

508 — Buste de jeune femme avec fichu et bonnet, dirigée à
gauche.

    Au crayon noir.

509 — Portrait d'homme avec col de fourrures et jabot.

    Au lavis d'encre de Chine.

PICARD (Bernard)

510 — Le Sacre d'un roi.

    A la plume et lavis d'encre de Chine.

511 — Sujets mythologiques.

    Trois dessins à la plume et lavis d'encre de Chine.

PIGAL

512 — Confidence.

    Au lavis de sépia.

PILLEMENT (J.)

513 — Paysages animés de figures.

    Trois dessins à l'aquarelle et gouache.

514 — Études de moutons, — Maison avec hangar sur le
devant, — Paysages animés de figures.

    Six dessins au crayon et lavis.

515 — Études de paysages et de hangars.

    Cinq dessins de forme ronde, au crayon et lavis.

516 — Paysages animés de figures.

    Quatre dessins au crayon noir.

PILLEMENT (J.)

517 — Chinois tenant un serpent, — Paysage avec ruines dans
dans le fond, et rivière sur le devant.

Deux dessins à la sanguine et aquarelle.

518 — Paysages avec roches et cascades.

Trois dessins à la sanguine. Signés.

PILS (J.)

519 — Études de militaires debout, — Turcs et croquis
divers.

Sept dessins à la plume, à l'aquarelle et peinture.

PIOMBO (Sébastien del.)

520 — Étude d'une tête de nègre.

Au crayon noir.

PORTAIL

521 — Jeune femme assise, lisant.

Aux trois crayons.

POUSSIN (Nicolas et Guaspre)

522 — Danaë, — Statues de chevaux, — Scène de la vie de
Jésus. — Paysage.

Quatre dessins à la plume et lavis de sépia et d'encre de Chine.

PRADIER

523 — Triomphes et allégories relatifs à l'Empereur.

Quatre dessins en forme de frises, à la mine de plomb.

FROCACCINI (Camille)

524 — L'Assomption de la Vierge.

A la plume et lavis de sépia.

PRUD'HON (P.-P.)

525 — Étude d'une tête d'homme.

Au lavis d'encre de Chine.

PRUD'HON (P.-P.)

526 — La Fileuse.

Aux crayons noir et blanc, sur papier bleu.

PRUD'HON ET PUJOS

527 — Buste de vierge, — Femme nue à mi-corps, — Tête d'homme et portraits d'enfants.

Cinq dessins à la plume et aux crayons de couleur.

PUGET (P.)

528 — Vue du port de Marseille.

A la m'ne de plomb.

RADEMAKER

529 — Paysages.

Deux dessins au lavis d'encre de Chine et d'aquarelle.

RAFFET

530 — Bonaparte visitant un champ de bataille.

Au lavis de sépia. Signé.

531 — Portrait d'un acteur, en pied, vu de face.

Au crayon.

532 — Costume de garde pris à Venise.

Aquarelle.

533 — Portrait de Napoléon, — Représentant du peuple à cheval, — Une Andalouse, — Croquis.

Quatre dessins au crayon et à la plume.

RAOUX (J.)

534 — Jeune femme en buste avec corsage garni de four-rures.

Au crayon et sanguine.

REDOUTÉ (P.-J.)

535 — Bouquets de fleurs.

Deux compositions à l'aquarelle.

3*

REGNAULT

536 — Nymphes portant un jeune enfant.

Au lavis de sépia, rehaussé de blanc. Signé.

REMBRANDT (P. Van Rhyn)

537 — Philosophe dans son cabinet.

A la plume et lavis de sépia. Signé. Collection Denon.

RENI (Guido)

538 — Étude de tête d'ange, les yeux levés au ciel.

Aux crayons noir et blanc.

RIBÉRA et GOYA.

539 — Le Sauveur apparaissant à un saint. — Le Nouveau-né.

Deux dessins au lavis d'encre de Chine et sépia.

RIGAUD (H.)

540 — Portrait de Louis XV.

Au crayon noir.

RIOULD (L.-E.)

541 — Jeunes femmes entrant dans l'eau.

Au lavis de Sépia. Signé et daté 1830.

542 — Deux jeunes femmes nues se baignant.

Au lavis de sépia.

ROBERT (Léopold)

543 — Études de costumes napolitains.

Six dessins à l'aquarelle.

ROBERT-FFEURY

544 — Deux pèlerins, dont un prosterné et baisant la terre.

Au lavis de sépia. Signé et daté 1825.

ROMAIN (J.)

545 — Compositions diverses et études pour ses tableaux.

Six dessins à la plume et lavis de sépia et encre de Chine.

ROSALBA-CARRIERA

546 — Portrait d'une jeune femme en buste, tenant de la main
droite un ruban attaché au cou d'une colombe.

Pastel.

ROSLIN (A.)

547 — Portrait en buste d'une jeune femme, avec bouquet au
corsage.

Au crayon noir.

ROUSSEAU (Th.)

548 — Paysages.

Deux dessins au fusain et lavis d'encre de Chine.

549 — Étude d'oiseau mort.

Peinture sur papier.

RUBENS (P.-P.)

550 — Étude de femme, en buste.

Au pastel.

RUISDAEL (J.)

551 — Paysages avec bouquets d'arbres.

A la plume.

552 — Paysage pris à la lisière d'un bois.

Au crayon noir.

SAFTLEVEN (H.)

553 — L'Annonciation aux bergers.

Au lavis d'encre de Chine. Signé et daté 1654.

554 — Entrée d'un bois, — Paysage avec vieux monuments
au bord de l'eau.

Deux dessins au lavis de sépia.

SAINT-AUBIN (G. de)

555 — Étude de jeune femme et jeune fille cousant.

Au crayon noir.

556 — Portrait de jeune femme avec ruban dans les cheveux.

Aux trois crayons.

SAINT-AUBIN (G. DE)

557 — La Leçon de musique.
Aquarelle.

558 — Jeune femme jouant de la musique.
Au crayon noir.

559 — Portrait d'un abbé.
Aux trois crayons.

560 — Assemblée de seigneurs au bord d'une rivière.
A la plume et lavis de sépia.

561 — Jeune femme en buste, le sein découvert, affligée.
A la mine de plomb et lavis de sépia.

562 — Tombeau du cardinal Fleury.
A la plume et mine de plomb.

563 — Portrait en buste d'un jeune homme, dirigé à gauche.
A la sanguine.

564 — Parc, — Défilé d'armée, — Portraits et croquis divers.
Neuf dessins à la plume, au crayon et aquarelle.

565 — Portraits et croquis divers.
Dix-sept dessins à la plume, au crayon noir et sanguine. Pourra être divisé.

566 — Vue du jardin des Tuileries, avec personnages sur le devant.
A la plume et lavis d'encre de Chine.

567 — Vue d'une ville, à gauche une église, à droite la statue équestre d'un guerrier ; sur le devant, un charlatan et divers personnages écoutant son boniment.
Au lavis d'encre de Chine.

SAINT-AUBIN (AUG. DE)

568 — Portrait de M. de Talleyrand-Périgord, abbé.
Au lavis d'encre de Chine.

569 — Portraits d'hommes.
Trois dessins au lavis d'encre de Chine et aquarelle.

SAINT-GRY

570 — Portrait de femme assise, jouant de la vielle, — Portrait d'homme à mi-corps.

Deux dessins à la sanguine.

571 — Portraits d'hommes et de femmes célèbres du xviiiᵉ siècle.

Trente-cinq dessins au crayon noir et à la sanguine. Ce lot pourra être divisé.

SALVATOR ROSA et ANDRÉ SARTE

572 — Étude de cavaliers, — Étude d'hommes debout, drapés.

Deux dessins au lavis de bistre.

SARTO (Andhé Vannuccui, dit del)

573 — La Nativité.

Au lavis d'encre de Chine, rehaussé de blanc.

574 — Étude de moines, debout.

Au lavis de bistre.

SAUERWEID

575 — Cosaque en vedette.

Aux trois crayons. A été gravé.

576 — Marche de soldats en Russie, — La Porte de l'auberge.

Deux dessins faisant pendants au lavis, rehaussés de blanc, sur papier teinté.

SEIGNEUVGENS (E.)

577 — Vieux amis à la promenade.

Aquarelle. Signée.

SILVESTRE (Israel)

578 — Vue du vieux château de Rouen, — Vue du Colisée, — Vue des Cordeliers de Lyon, — Vue de Notre-Dame de Paris, — Paysage.

Cinq dessins à la plume.

SYLVESTRE (Louis de)

579 — Concert nocturne dans un palais.

Au lavis d'encre de Chine. Signé.

SIXDENIERS

580 — Portrait de Mlle Rachel.

A la mine de plomb.

SOMM (H.)

581 — Polichinelle, — Femmes galantes.

Quatre dessins à l'aquarelle.

STAMPART

582 — Portrait d'homme avec grande perruque.

Au crayon noir, rehaussé de sanguine, sur papier teinté.

STOOP et POTTER

583 — Études de chevaux et de vaches.

Quatre dessins à la plume et lavis de sépia et d'encre de Chine.

SWAGERS

584 — Paysage avec rivière s'étendant sur le devant.

Au lavis d'encre de Chine et sépia. Signé.

SWEBACH

585 — Paysages avec cavaliers, — L'Entrée d'un camp.

Trois dessins à l'aquarelle et mine de plomb.

586 — Paysages animés de cavaliers.

Quatre dessins à l'aquarelle et lavis d'encre de Chine.

TASSAERT

587 — Le Petit Dénicheur de nids endormi.

Aquarelle.

TAUNAY

588 — Paysage avec château-fort d'où sortent des prison-
niers escortés par la troupe.

Au lavis d'encre de Chine.

TENIERS (D.)

589 — Croquis divers sur une même feuille.

A la plume et lavis d'encre de Chine.

TIEPOLO (D.)

590 — Jésus lavant les pieds des apôtres.

A la plume et lavis de sépia. Signé.

591 — Paysages avec animaux, sujets religieux.

Cinq dessins au lavis et à la sanguine.

592 — Sujets religieux et études.

Six dessins au lavis de sépia et sanguine.

593 — Costumes et études diverses.

Quatre dessins au lavis de sépia.

TINTORET (J. Robusti, dit Le

594 — Allégorie religieuse.

A la plume et lavis de sépia. Signé.

TITIEN et ANDRÉ DÉL SARTE

595 — Piété filiale, — Paysage, sujets religieux.

Quatre dessins à la plume et lavis de sépia.

TRINQUESSE

596 — Jeune femme debout, appuyée sur un piédestal.

Aux crayons noir et blanc, sur papier teinté. Signé et daté 1778.

597 — Portrait de Gertrude Pico, représentée en pied.

Au crayon noir, rehaussé de blanc, sur papier bleu. Signé et daté 1780.

598 — Jeune femme en pied, assise sur une chaise.

A la sanguine. Signé et daté 1780.

599 — Portrait de femme assise, tenant un pinceau, — Etude de jeune femme debout.

Deux dessins : le premier, au crayon noir, rehaussé de blanc, et le second, à la sanguine.

600 — Jeune femme assise et jouant du clavecin.

Aux crayons noir et blanc.

TRINQUESSE

601 — Portrait d'une dame âgée, représentée en pied, assise dans un fauteuil, la tête couverte d'un chapeau à larges bords, garni de rubans.

A la sanguine.

602 — Etude de femme appuyée contre une butte.

Aux crayons noir et blanc, sur papier teinté.

603 — Portrait d'homme en buste, dirigé à droite.

A la sanguine. Signé et daté 1797.

TRINQUESSE, SWEBACH ET SARAZIN

604 — Etudes de femmes, — Retour du marché, — Paysages, etc.

Sept dessins au crayon et au lavis.

TRISTAN

605 — La Leçon de dessin.

Au lavis d'encre de Chine. Signé et daté 1819.

VANLOO (C.)

606 — Etude de têtes d'anges.

Aux crayons de couleur et pastel.

607 — Etudes de têtes de femmes.

Deux dessins aux trois crayons.

608 — Etudes d'enfants endormis, — La Peinture, — Portrait du cardinal de Rohan, — Etudes de têtes, etc.

Neuf dessins à la sanguine et aux trois crayons.

VANLOO ET BOUCHER

609 — Bustes de jeune femme et de vieillard, — Buste de jeune fille coiffée d'un chapeau.

Trois dessins aux crayons de couleur.

VANLOO, VÉRONÈSE ET WENIX

610 — Sujets religieux, — Intérieur de brigands, — Leçon de dessin, etc.

Six dessins à la plume et lavis.

VANUCCHI

611 — Etude d'une tête d'homme.

Au crayon noir.

VELDE (G. Van)

612 — Marine à l'entrée d'un port avec personnages sur le devant.

Au lavis d'encre de Chine.

613 — Entrée d'un bourg avec rivière traversée par un pont de bois.

Au lavis d'encre de Chine.

VELDE et WEYROTTER

614 — Marines, — Paysage.

Trois dessins à la plume et lavis.

VERBOKOVEN

615 — Paysage avec ruines et troupeau sur le devant.

A la plume et lavis d'encre de Chine.

616 — Le troupeau à la fontaine.

Au lavis d'encre de Chine.

VERNET (Carle)

617 — Le Départ du jockey.

Au lavis d'encre de Chine.

618 — Militaire à cheval.

Aquarelle.

619 — Etude de cheval.

Au lavis de bistre. Signé.

620 — Le Départ pour la chasse.

Aquarelle.

VERNET (J. et C.)

621 — Paysages d'Italie, — Soldats russes en déroute

Trois dessins au lavis d'encre de Chine et de sépia.

VERNET (J., C. et H.)

622 — La Prière, — Paysages, — Etude de cheval, — Homme
debout, vu de dos, etc.

Sept dessins à la plume, au crayon et au lavis.

VERNET (H.)

623 — Etudes de chevaux, de jockey, d'architecture.

Trois dessins au crayon et lavis de sépia.

624 — Compositions pour fables, — Retour de chasse, — Un
cabinet de lecture, — Bal masqué.

Huit dessins à la plume, au crayon et aquarelle.

VILLARET

625 — Entrée à la messe dans une église de campagne.

Aquarelle.

626 — Vues de monuments de Paris.

Cinq dessins à l'aquarelle.

VINCENT

627 — Etudes de deux bustes de femmes.

Deux dessins aux trois crayons.

VINCI (L. de)

628 — Etude de têtes d'anges.

Au crayon noir.

WINKELES (R.)

629 — Vues d'une ville de Hollande. Deux dessins faisant
pendants, animés de nombreuses figures.

Aquarelles.

VIOLET-LEDUC

630 — Pouzole, — Temple de Sérapis.

Aquarelle.

VLIEGER (S. de)

631 — Port de Schevening, près Lahaye.

A la plume et lavis d'encre de Chine.

VOLLON (A.)

632 — Paysages avec chaumières.

Deux dessins au fusain. Signés.

VOLTERRE (D. Da)

633 — Modèles de vases et ornements divers.

Douze dessins à la plume et lavis d'encre de Chine.

WAILLY (de)

634 — Vue de monuments avec arc de triomphe au milieu et nombreux personnages sur le devant.

A la plume et lavis de sépia.

WAMBERGER

635 — Une leçon donnée à de jeunes élèves par deux professeurs dans un salon.

Au lavis d'encre de Chine.

WATTEAU (Ant.)

636 — Jeune femme en buste, dirigée à droite et regardant de face ; sur la même feuille, une étude de main.

Précieux dessin aux trois crayons. La figure a été retouchée.

WATTEAU (L.)

637 — Soldats à l'exercice, infanterie et cavalerie, — Etudes de têtes de jeunes filles et jeune garçon.

Onze dessins à la sanguine.

638 — Jeune voyageur se reposant sur un banc.

Au crayon noir.

639 — Croquis de soldats en différentes positions, — Entrée d'un camp.

Deux dessins au lavis d'encre de Chine et de sépia.

WATERLOO (Ant.)

640 — Paysage avec arbres au bord de l'eau.

Au lavis d'encre de Chine.

WATTIER (Emile)

641 — Portrait de femme à mi-corps.

> Au fusain, rehaussé de blanc. Signé et daté 1866.

642 — Scènes galantes et portraits

> Neuf dessins au crayon.

WATTIER (E.) et **VEYRASSAT**

643 — Sujets galants et études diverses.

> Six dessins à la mine de plomb et sanguine.

WEYROTTER (F.-E.)

644 — Paysage avec deux gros arbres à droite.

> A la sanguine.

WILLE (J.-G.)

645 — Bal sur une place publique.

> Au lavis d'encre de Chine et d'aquarelle.

646 — Paysages avec chaumières.

> Deux dessins faisant pendants, au lavis d'encre de Chine.

647 — Étude de têtes, — Paysages.

> Quatre dessins à la sanguine, au crayon noir et à la plume.

WILLE (P.-A.)

648 — Tom Jones. Composition de neuf figures en pied.

> A la plume et lavis d'encre de Chine. Signé et daté 1767. A été gravé par Ingouf.

649 — Bustes de jeunes femmes.

> Deux dessins à la sanguine.

650 — Portrait d'un jeune homme dirigé à gauche, regardant de face.

> A la sanguine. Signé et daté 1769.

651 — Portraits d'hommes, de femmes et d'enfant.
> Quatre dessins à la sanguine.

WILLE et **WATELET**

652 — Tête de femme avec bonnet, — Les Vendanges, — Vues de villages et d'un camp.

> Cinq dessins à la sanguine et au lavis.

WOUWERMANS (Ph.)

653 — Les Moissonneurs.

A la plume et lavis d'encre de Chine.

WOUWERMANS et WITT

654 — Retour de chasse, — Etude de cheval, — Port d'Italie.

Trois dessins au crayon et lavis d'encre de Chine.

YVON (Ad.)

655 — Femme russe appuyée sur un puits.

Aquarelle. Signée et datée 1846.

656 — Etudes d'une tête de zouave et soldat en garde.

Deux dessins au crayon noir.

ZUCCARO

657 — Le Triomphe de la croix.

A la plume et lavis de sépia.

657 *bis* — Sous ce numéro, il sera vendu, par lots, environ 3 000 dessins anciens et modernes de toutes les écoles.

ESTAMPES

BARTOLOZZI (F.)

658 — La Charité. Pièce de forme ronde. Très belle épreuve, imprimé en bistre.

659 — Maria Cosway, d'après R. Cosway. Très belle épreuve.

660 — Les Caresses de l'Amour, d'après Cipriani. Très belle épreuve avant la lettre, imprimée en sanguine.

BAUDOUIN (d'après P.-A.)

661 — La Coquette, par Beljambe. Petite pièce non décrite. Très belle épreuve. Rare.

BIOT (G.)

662 — La Madona della Scala, d'après le Corrège. Très belle épreuve avant la lettre, sur chine.

BOISSIEU (J.-J.)

663 — Leçon de botanique. Très belle épreuve.

BONINGTON (R.-P.-B.)

664 — Bologne. Deux épreuves de la seule eau-forte du maître, dont une avant le titre et l'adresse. Très belle épreuve.

665 — Rue du Gros-Horloge (Rouen), — Maison Grande-Rue-Saint-Pierre (Caen), — Cathédrale de Lyon, — Intérieur d'une cour (Beauvais), etc. Cinq pièces. Belles épreuve.

BONNET (L.)

666 — Portrait en buste de la marquise de Pompadour, gravé à la manière du pastel, d'après Boucher. In-fol. Très belle épreuve

BOUCHER (d'après F.)

667 — Têtes de femmes, gravées à la sanguine par Demarteau (91-92). Deux pièces.

668 — Bustes de jeunes filles, gravés aux trois crayons par Demarteau. Quatre pièces. Très belles épreuves.

BOUCHER ET LE CLERC (d'après)

669 — Le Jeune Dessinateur, — Buste de jeune femme. Deux pièces gravées par Demarteau, aux trois crayons et à la sanguine.

CALLOT (J.)

670 — Les Deux grandes vues de Paris (M. 713-714). Très belles épreuves avant l'adresse d'Israël Sylvestre. Marges.

CHARLET, RAFFET ET DECAMPS

671 — Le Premier Coup de feu, — le Second Coup de feu, — Grenadier à pied de la vieille garde, — Costumes militaires, — Sujets tirés d'albums, — Affiches, etc. Quarante-deux pièces. Très belles épreuves.

COCHIN (C.-N.)

672 — Vue d'un atelier d'imprimerie. Épreuve tirée hors texte.

COCHIN d'après (C.-N.)

673 — Conti (Fortunée-Marie d'Este, princesse de), gravé par Saint-Aubin, en regard, la vue intérieure de la nouvelle église de Saint-Chaumont (1781). Très belle épreuve.

674 — Les Rémois, par Lingée. Très belle épreuve.

675 — Cinq figures in-8, par divers graveurs, pour l'*Origine des grâces*. Très belles épreuves avant la lettre.

COSTUMES

676 — Costumes, par Duhamel, Debucourt.—Costumes français, publiés chez Chevrau, etc. Douze pièces coloriées.

DAUBIGNY

677 — Parc à moutons le matin, — le Matin, — l'Arbre aux corbeaux, — Soleil couchant, — Paysages variés, etc. Seize pièces en très belles épreuves; plusieurs sont avant la lettre.

DAULLÉ (J.)

678 — La Chienne braque avec toute sa famille, d'après J.-B. Oudry. Très belle épreuve.

DEBUCOURT (P.-L.)

679 — La Servante congédiée. In-8. Très belle épreuve avant la lettre.

680 — Mode du Directoire. N° 4 d'une suite, imprimé à la sanguine. Belle épreuve, grande marge.

681 — Chacun son tour, — Promenade anglaise — Adieux d'un Russe à une Parisienne. Trois pièces, d'après C. Vernet, en couleur. Belles épreuves.

DELARUE

682 — Tableaux de Paris et croquis. — Sept pièces.

DELAUNAY

683 — Saint-Pierre de Caen, et autres vues. Quatre pièces. Très belles épreuves avant la lettre.

DESFRICHES

684 — Vues des environs d'Orléans. Quatre pièces. Belles épreuves.

DESNOYERS (Aug. Boucher)

685 — La Vierge dite la Belle Jardinière, d'après Raphaël. Belle épreuve.

DESNOYERS et LIGNON

686 — Bonaparte, d'après R. Lefèvre, — Poussin, d'après lui-même. Deux portraits in-fol. Épreuves avant la lettre.

DREVET (P.-I.)

687 — *Tressan* (L. de La Vergne de), archevêque de Rouen, d'après Santerre. Très belle épreuve avant la lettre

DURER (Albert)

688 — La Vierge allaitant l'Enfant-Jésus (B. 34). Belle épreuve.

689 — La Dame à cheval (B. 81). Très belle épreuve. Collection du prince de Paar et Dreux.

690 — Fuite en Égypte. — Descente de croix. — Deux pièces gravées sur bois.

ÉCOLES ITALIENNE et FRANÇAISE

691 — Saintes Familles et autres sujets religieux, gravés à l'eau-forte par Mola, Sirani, Carrache, Parmesan, Baroche, Cantarini, Guido-Reni et Sébastien Bourdon. Onze pièces. Très belle épreuve.

ÉCOLE MODERNE

692 — Paysages, gravés à l'eau-forte par Marvy, Lalanne, Delaunay, Drouin, Appiani, etc. Huit pièces.

ÉDELINCK (G.)

693 — *La Fontaine* (Jean de), d'après Rigaud (R. D., 230). Belle épreuve.

ÉDELINCK et BOULANGER

694 — *Vassé* (Dame Françoise de), prieure perpétuelle du monastère de Sainte-Anastase, — *Le Gras* (le Vrai Portrait de Mlle). Deux portraits in-8. Belles épreuves.

EISEN (d'après)

695 — Vignettes et culs-de-lampe, gravés par Massard, pour *Anacréon*, *Sapho*, *Bion* et *Moschus*. Quinze pièces, en épreuves tirées hors texte avec marges. Rares.

GAVARNI

696 — *Masques et visages :* les Anglais chez eux, — Histoire de politiquer, — les Invalides du sentiment, — Histoire d'en dire deux, — la Foire aux amours, — Études d'Androgines, — Bohèmes, — l'École des pierrots, — les Lorettes vieillies, — les Propos de Thomas Vireloque, — Manières de voir des voyageurs, — les Maris me font toujours rire, — Messieurs du feuilleton, — Parci, par-là, — les Parents terribles, — les Partageux. — les Petits mordent, — Piano, etc. Trois cent soixante-douze pièces, en portefeuille.

697 — Modes, costumes et travestissements. Cent cinquante-six pièces, en noir et coloriées.

GAVARNI (d'après)

698 — Illustrations pour le *Diable à quatre*. Deux cent vingt-cinq pièces.

GRANDVILLE (J.-J.)

699 — Les Métamorphoses du jour — Salon de Susse, etc. Huit pièces.

GREUZE (d'après J.-B.)

700 — Têtes de jeunes filles, gravées à la sanguine par Bonnet. Trois pièces. Belles épreuves.

701 — Jeune fille lisant, par Schultze. Superbe épreuve avant toute lettre, marge.

702 — Etude du tableau de la Dame de charité, faite d'après M. Greuze, gravé par Massard, in-4. Superbe épreuve avec marge.

703 — Têtes d'enfants, gravées par Ingouf. Deux pièces.

HENRIQUET-DUPONT

704 — Bertin l'Aîné, d'après Ingres. Epreuve d'artiste, sur chine, signée du graveur.

705 — Portrait de Mlle Rachel, d'après Lehmann. Très belle épreuve.

JONGKINS

706 — Vue d'Anvers et vues de Hollande. Trois pièces, dont une signée par l'artiste et datée 10 juillet 68.

ISABEY (Eug.)

707 — Intérieur d'un port, — Radoub d'une barque à marée basse. Deux pièces. Belles épreuves.

JACQUES (Ch.)

708 — Les Chanteurs. Rare épreuve de remarque. En bas, au crayon, la signature de l'artiste et : 3e épr. de remarque.

JANINET (F.)

709 — Colonnade et Jardins du Palais de Médicis, d'après H. Robert, en couleur. Belle épreuve, sans marge.

JAZET

710 — Les Cosaques aux Champs-Elysées, d'après Sauerweid. Très belle épreuve avant toute lettre.

LAGUILLERMIE

711 — Jeune fille au manchon, d'après Reynolds. Deux épreuves sur chine, dont une avant la lettre.

LALANNE (Maxime)

712 — Paysages gravés à l'eau-forte. Cinq épreuves de trois pièces différentes.

LAMÉSANGÈRE

713 — Costume parisien, an VI (1797) à 1831. Cinq cent cinquante-cinq pièces, en portefeuilles.

LAWREINCE (d'après)

714 — La Consolation de l'absence, gravé en réduction et publié à Londres par Taylor, en 1786. Très belle épreuve avant la lettre, marge.

715 — La Consolation de l'absence, par Delaunay. Epreuve très rognée.

LAURENCE (d'après sir Thomas)

716 — Miss Croker, par Samuel Cousins, in-fol. Très belle épreuve.

LE BAS (J.-P.)

717 — Vue des environs de Bruges, d'après Breugel. Belle épreuve.

LE PEINTRE (d'après)

718 — La Tricherie reconnue, par de Monchy. Très belle épreuve.

MARLLIER (d'après)

719 — Titre pour les fables de Dorat, gravé par de Ghendt. Très belle épreuve avant toute lettre.

MEISSONIER (d'après E.)

720 — L'Audience, par Ch. Carey. Epreuve sur chine.

721 — La Halte, gravé par Flameng. Deux épreuves avant la lettre, sur chine.

MIXELLE

722 — L'Ecosseuse de pois. Jolie petite pièce imprimée en bistre. Très belle épreuve. Rare.

MOREAU (J.-M.)

723 — Place Louis XV, vue prise des Champs-Elysées, 1772. Très rare épreuve à l'état d'eau-forte, avant toute lettre.

724 — Ah! Madame, vous la voyez, d'après J.-B. Greuze. Rare épreuve à l'état d'eau-forte.

MORIN (J.)

725 — *Bentivoglio* (le cardinal), d'après Van-Dyck (R. D., 43). Superbe épreuve, avec marge.

NAIWINCK

726 — Paysages (B. 3 et 5). Deux pièces.

NIEL (Mlle G.)

727 — Eaux-fortes sur Paris. Six pièces. Très belles épreuves.

PAROY (le comte DE)

728 — Jeune fille se regardant dans une glace, d'après Mme Vigée-Lebrun. Très belle épreuve imprimée en bistre.

PETERS (d'après F.-H.)

729 — La Devideuse, par Chevillet. Superbe épreuve avant toute lettre, marge.

PIERRE (d'après)

730 — La Savoyarde, par de Larmessin. Belle épreuve.

PRUD'HON (P.-P.)

731 — Une famille malheureuse. Très belle épreuve du premier tirage.

PRUD'HON (d'après P.-P.)

731 bis. — Le Premier baiser de l'amour, par Copia. Très belle épreuve.

RAFFET

732 — Retraite du bataillon sacré à Waterloo, 18 juillet 1815 (G., 80). Superbe épreuve du premier tirage, sur papier blanc.

733 — Combat d'Oued-Alleg, 31 décembre 1839 (G., 82). Superbe épreuve de premier tirage, sur chine coupé.

734 — Némésis (G. 120). Superbe épreuve sur papier jaune.

735 — La Revue nocturne (G., 429). Très belle épreuve.

REGNAULT

736 — Meissonier (E.). In-8. Epreuve avant la lettre, sur chine.

REMBRANDT (P. VAN RYN)

737 — Saint Jérôme (B., 101). Très belle épreuve.

SCHMUCK (F.-W.)

738 — Vue de la cathédrale de Strasbourg, avec procession
sur le devant. Très belle épreuve.

SMITH (d'après J.-R..

739 — Attention, — Inattention. Deux pièces faisant pendants, gravées par R.-M. Meadows. 1791. Très belles
épreuves.

STRANGE (Robert)

740 — Saint Jérôme, d'après le Corrège. Très belle épreuve.

TARDIEU (Alexandre)

741 — La Reine Louise de Prusse, d'après Mme Vigée-Lebrun, in-4. Belle épreuve.

TRIMOLET

742 — Vue de l'ancienne berge du pont de la Tournelle. 1858.
Épreuve sur chine.

VERNET (C.)

743 — Les Voyageurs anglais. Belle épreuve.

VERNET (d'après C.)

744 — Fête du poète Virgile à Mantoue, gravé par Malbeste.
Rare épreuve à l'état d'eau-forte, avant toute lettre.

VERNIER (Emile)

745 — Les Saltimbanques, d'après J. Magy. Belle épreuve.

VIGNETTES

746 — Sous ce numéro, il sera vendu un portefeuille de
vignettes par Cochin, Eisen, Marillier, Moreau, Monnet,
Borel, Lefèvre, etc. Illustrations pour Béranger. En
grande partie tirage hors texte.

747 — Sous ce numéro, il sera vendu trois portefeuilles d'es-
tampes variées, photographies, etc.

Imprimerie D. Dumoulin et Cⁱᵉ, à Paris.